섬연구시리즈 54

남북공동체를 위한

삶이 묻어나는 성경공부

임창복 임영희 지음

머리말

하나님의 은혜 가운데 2018년 마지막 책, 셈 연구시리즈 54「남북공동체를 위한 삶이 묻어나는 성경공부」를 출판하게 되어 하나님께 감사드립니다. 이 책이 출판되어 나올 수 있도록 후원하여 주시는 교회들과 이사님들, 그리고 경인재단과 개인후원자님들께 진실로 감사를 드립니다.

하나님께서는 오래전부터 본 연구원이 북한선교와 탈북민들을 위한 교육선교에 관심을 갖도록 인도하셨습니다. 그래서 북한선교와 탈북민 선교를 위하여 2006년 탈북민들을 대상으로 설문조사를 하게 되었습니다. 설문지는 일반사회 인구학적 분야 25문항의 질문과 그들의 신앙정도와 종교적 역할 수행분야 121문항의 질문들로 구성되었습니다. 설문조사를 통하여 본 연구원은 2007년에「탈북교인의 신앙분석」이라는 책을 출판하였고, 2010년에 하나님께서 북한과의 교류를 허락하실 때를 대비하여 북한선교 교육에 필요한 교재개발을 위한 밑거름으로「당 정책사와 함께 가는 북한 교육의 변천사」라는 책을 출간하였습니다. 그런데 많은 이들이 이 책을 읽고 이해하는 일이 쉽지 않다는 의견을 수렴하여 보다 쉽게 북한을 알아 갈 수 있도록 도표와 간략하고 알기 쉽게 편집하여 2011년에「통일 준비 : 북한을 알자」라는 책을 내놓게 되었습니다. 그리고 2013년에는 북한선교와 탈북민 선교에 뜻을 둔 이들에게 도움을 주고자「북한에서 사람이란」이라는 책을 출간하였습니다.

하나님께서 북한선교와 탈북민 선교에 계속해서 관심을 갖고 연구하게 하시어 2018년에는 본서를 출간하게 되었습니다. 이 책이 출판되기까지 하나목양교회 송혜연 목사가 각 주제와 내용들을 탈북민의 실생활에 도움이 되도록 함께해 주었습니다. 사실 송혜연 목사님의 도움은 장로회신학대학교 기독교교육학과에 재학 중이던 시절에도 있었습니다. 2010년 「당 정책사와 함께 가는 북한 교육의 변천사」라는 책이 나올 때에도 송 목사님께서 자료정리와 자료이해를 위하여 헌신적으로 도와주셨습니다.

「남북공동체를 위한 삶이 묻어나는 성경공부」는 3개월 간 교회에서 사용할 수 있도록 12주제로 구성되었으며, 이번 주제는 주로 가족들과의 관계에서 야기될 수 있는 것들을 다루었습니다. 각 주제의 내용과 구조는 다음과 같습니다. 첫째는 삶에서 묻어 나오는 문제들이 질문형식으로 제시되었고, 둘째는 각 주제의 내용이 간략하게 실려 있으며, 셋째는 각 주제와 연관된 성경말씀묵상 프로그램이 첨가되어 있습니다.

이 책이 하나님의 동역자로서 탈북민 선교를 하시는 모든 이들에게 유용하게 사용될 수 있기를 기도합니다.

본 연구원은 「남북공동체를 위한 삶이 묻어나는 성경공부」를 계속 연구하여 출판할 계획입니다. 이를 위하여 기도 부탁드립니다.

이 책을 접하는 모든 이들 위에 하나님의 은혜와 사랑이 넘치기를 기원합니다.

2018년 12월

사단법인 한국기독교교육교역연구원

원장 임창복 목사

추천의 말

남북공동체를 위한 성경공부교재가 필요하다는 남북공동체의 여러 사역자들로부터 문의를 받던 중 사단법인 한국기독교교육교역연구원에 의뢰하여 이 교재가 탄생하게 되었습니다.

각 주제마다 현재 남북공동체인 하나목양교회를 8년째 섬기고 있는 제가 함께 참여하였고, 이 교제가 남북공동체의 상황에 맞도록 자문을 해 드렸습니다. 뿐만 아니라 각 주제에 맞는 삽화를 권장하기도 하였습니다.

일단 네 가지 주제를 우리 교회에서 임상실습을 하였는데, 몇 가지 유의사항이 필요한 것을 경험했습니다.

첫째, 이 교재를 사용 시, 남북 성도들 관계가 어느 정도 익숙해졌을 때 더 효과적이라고 느껴졌습니다. 둘째, 멘토인 인도자와 멘티인 참여자들 사이가 어느 정도 신뢰관계가 성립되어 있으면 더 효과적입니다. 셋째, 교재로 들어가기 전 인도자가 2~3곡 정도 하나님의 인도하심을 바라는 마음으로 함께 찬양하시기를 권장합니다. 넷째, 다섯 명 이내의 소그룹이 이상적입니다. 다섯째, 교재를 사용하는 참여자들이 진솔하게 자신의 내면의 문제를 드러내고 나눌 수 있을 때까지 인도자는 성령의 인도하심에 맡기고 인내하는 훈련이 필요한 교재입니다.

그럼에도 불구하고 이 교재를 사용해 본 결과 좋은 점은 다음과 같습니다. 첫째, 이 교재는 삶의 문제들로부터 질문형식으로 시작되어 그들의 삶을 들여다보게 합니다. 둘째, 교회 내에서 쉽게 꺼낼 수 없는 가족의 문제를 이 교재를 사용 시 자연스럽게 스스로 자신의 문제들을 말할 수 있도록 하는 장점이 있습니다. 셋째, 이 교재는 남북공동체의 모든 이들을 위한 것이므로 남과 북의 성도들이 서로의 문제를 인식하게 할 뿐만 아니라 서로 같은 문제를 갖고 있다는 동질감을 갖게 합니다. 넷째, 교재공부에 참여자가 다수일 경우에는 남북공동체 내에서 발생하는 문제들을 서로 나눌 수 있어서 공동체 회복에 도움이 됩니다.

다섯째, 각 주제와 연관된 삽화와 성경공부는 그들의 삶의 문제와 그 주제와 연관된 성경 말씀이 연관되어 있기 때문에 삶이 묻어나는 공부를 할 수 있습니다.

이 책이 하나님의 은혜 가운데 현재의 남북공동체와 앞으로 있을 남북공동체를 세우는 데 귀하게 쓰임받기를 간절히 기대하며 이 책을 적극 추천합니다.

2018년 11월

하나목양교회 송혜연 목사

주제

1.
성경에 나타난 가족의 원리

남북 공동체를 대상으로 하는 경우,
남한 사람은 북한가정과 북한가정문화를,
북한 사람은 남한가정과 남한가정문화를 염두에 두고 응답할 수 있다.

주제와 연관된 질문 _

1. 결혼할 때 서로에게 언약한 내용을 기억하고 있는가?
2. 결혼식에서 서로에게 공식적으로 약속한 것은?
3. 성경에서 보면 하나님은 그의 백성과 언약을 맺으시는데, 그 언약의 의미는?
4. 오래 견디는 사랑, 충성, 혹은 헌신이라는 의미가 언약 용어 속에 내포되어 있다. 이 가운데 자신에게 가장 관심 있는 의미는?
5. 성경에서 언약은 언약하는 양쪽의 권리와 책임감을 가지고 양쪽 편이 연합하여 인정하는 동의인데, 자신의 결혼식에서 서로에게 약속한 언약으로 인한 권리와 책임감은?
6. 결혼식 때 언약이 자유롭게, 그리고 오로지 언약의 대상과의 관계 속으로 들어가고 싶은 소망에서 이뤄졌는가?
7. 결혼함으로 상대로부터 무엇을 얻고자 하였는가?
8. 결혼함으로 상대에게 무엇을 주고 싶으며 또한 상대를 위하여 무엇을 하고 싶은가?

주제 내용 _

인간관계에서 계약은 내가 얻을 수 있는 것 때문에 상대와의 관계를 유지하지만, 언약은 계약처럼 서로의 관계로부터 무엇을 얻을 수 있는가에 초점을 두지 않고, 다른 사람을 위해서 무엇을 할 것인가에 초점을 둔다.

성경에 나타난 가족 원리를 말할 때, 이를 우리는 성경의 언약개념에 근거하여 말한다. 성경은 하나님과 하나님의 백성과의 관계를 언약의 형태로 취한다(신 7:6-9; 삼하 7:11-16; 시 98:3, 100:5, 136:1; 눅 20:22). 여기서의 언약은 권리와 책임감을 가지고 양쪽 편에서 서로 연합하여 인정하고 동의한다.

언약관계의 핵심은 오래 견디는 사랑과 신실함이다. 이에 관한 가장 좋은 예가 호세아와 그의 부인 고멜의 관계이다. 부인의 반복되는 부정에도 불구하고 아내에 대한 호세아의 충성은 이스라엘의 불순종의 면전에서조차 오래 참으시는 이스라엘을 향한 하나님의 사랑의 증거로 그들의 결혼 관계가 설명되고 있다.

성경에서 결혼이란?

본문말씀　창세기 2:21~24

"여호와 하나님이 아담을 깊이 잠들게 하시니 잠들매 그가 그 갈빗대 하나를 취하고 살로 대신 채우시고 여호와 하나님이 아담에게서 취하신 그 갈빗대로 여자를 만드시고 그를 아담에게로 이끌어 오시니 아담이 이르되 이는 내 뼈 중의 뼈요 살 중의 살이라 이것을 남자에게서 취하였은즉 여자라 부르리라 하니라 이러므로 남자가 부모를 떠나 그 아내와 연합하여 둘이 한 몸을 이룰지로다"

기도요점

성경에서 말하는 결혼의 의미는? 성경에서 말하는 결혼의 삼대 원리는? 이 삼대원리 가운데 자신의 결혼생활에서 잘 지켜지고 있는 원리는? 반면 가장 지켜지지 않고 있는 원리는? 그 이유는? 자신의 아내에게 '이는 내 뼈 중의 뼈요 내 살 중의 살'이라는 고백을 해 본 경험이 있는가?

도움의 말

하나님께서 아담을 잠들게 한 후 그의 갈빗대로 그의 한쪽 편인 여자를 창조하신다. 이와 같이하여 아담과 하와는 서로 분리될 수 없는 완전한 합일체이다. 여자는 남자에게 있어서 소중히 여김을 받아야 하는 존재이다. 동시에 여자와 남자는 서로가 인격적인 면에 있어서 동등체이다. 이런 의미에서 하나님 안에서 새로운 가정을 이룬 부부는 서로 간의 부족한 점을 사랑과 신뢰로 메꾸어 나가면서 하나님께 감사와 영광을 돌리는 삶을 산다. 아담이 자신의 아내를 여자가 칭한다. 하나님께서 아담을 여자에게 데리고 오시니 이를 보고 아담이 이는 내 뼈 중의 뼈요 내 살 중의 살이라고 고백한다. 그러자 하나님께서 남자가 부모를 떠나 여자와 연합을 이루라고 말씀하신다. 여기서 결혼의 3대 원리가 나타난다. 첫째는 책임지는 성숙한 존재로서 부모로부터 떠나는 독립성이고, 둘째는 동등한 두 인격체가 만나는 연합성이고, 셋째는 두 몸이 사랑으로 하나 되는 합일성이다.

묵상 나누기

위에서 묵상한 내용을 간략히 기록하고 함께 나눈다.

찬송

"완전한 사랑"(604장)

2.
성경에 나타난 가족관계 :
환대하는 가족관계
(친절, 호의적인 수락)

남북 공동체를 대상으로 하는 경우,
남한 사람은 북한가정과 북한가정문화를,
북한 사람은 남한가정과 남한가정문화를 염두에 두고 응답할 수 있다.

주제와 연관된 질문 _

1. 가족을 위하여 자신을 희생해 본 경험이 있는가? 있다면 구체적으로 어떤 희생이 었는가?
2. 가족을 위하여 자신의 생명까지 내놓았던 경험이 있는가?
3. 가족을 위하여 생명을 내놓은 경험이 있다면, 가족들과의 상호 관계적 사랑을 위하여 생명을 아끼지 않을 만큼 노력해 본 경험이 있는가?
4. 집에서 손님대접하기를 좋아하는가? 손님들을 환대하기 위하여 가족들의 일상생활에 불편을 준 경험이 있는가? 있다면 그 이유는 무엇인가?
5. 존경하는 방법으로서 손님들에게 특별한 보살핌과 환대를 하는 편인가?
6. 남북 공동체 안에서 서로를 환대하고 사랑한 경험이 있는가? 있다면 구체적으로 그 실례를 나누도록 하자.
7. 가족의 영역 안으로 다른 사람들을 초청할 만큼 개방적인가?
8. 다른 사람을 가족의 핵심 안으로 들어오도록 허락해 본 경험이 있는가?
9. 남북가족공동체 안에서 서로 환대하고 사랑하는 방법의 차이로 인하여 갈등을 겪은 경험이 있는가?

주제 내용 _

성경의 하나님은 사랑이시다. 그래서 하나님을 믿는 우리의 가족관계도 하나님의 사랑에 드러나게 된다(요일 4:16-21). 요한복음 13:35에서 서로를 사랑하라고 하는 예수님의 가르침은 상호 관계적 사랑이다. 이러한 사랑관계는 확실히 자신을 희생하는 것을 포함한다. 그렇다 하더라도 사랑하는 사람에게 자신의 생명을 주는 것 자체가 궁극적인 목적이 아니다. 이렇게 되면, 이것은 상호 관계적 사랑의 목적을 위한 수단에 지나지 않는다. 그래서 기독교 가족관계는 기독교적 환대, 용서, 그리고 은혜와 소망에 근거를 둔다. 다음에서 우리는 이 세 가지 요소에 근거한 가족관계를 제시한다.

기독교적 환대는 우리 문화에서 이루어지는 '잘 대접한다'라는 의미와는 다르다. 우리 문화에서 잘 대접한다는 것(환대)은 특별한 방법으로 손님들을 보살피느라고 가족들의 일상생활이 깨어지게 할 수도 있다. 다시 말하면, 이것은 가정에서 일어나는 매일매일의 일상생활과는 다르게 집안을

깨끗이 하고, 예쁜 옷으로 갈아입고, 보통 때보다 더 근사하게 섬기는 등의 것을 의미한다.

때때로 우리는 손님들을 존중하는 의미에서 일상과 다르게 준비된 특별한 환대가 옳다고 생각한다. 이와 같은 특별한 보살핌은 사실 환대라기보다는 손님을 가족이 아닌 다른 사람으로 취급하는 행위이다. 참된 환대는 불편한 가족을 손님에게 숨기면서까지 환대하는 것이 아니라 손님들을 가족처럼 대하면서 자기 가족을 개방하는 것이다. 이는 다른 사람을 가족의 핵심으로 초청하는 것을 의미한다.

주제와 연관된 성경공부와 말씀묵상 _

하나님의 천사 같은 환대

본문말씀 갈라디아서 4:14~15

"너희를 시험하는 것이 내 육체에 있으되 이것을 너희가 업신여기지도 아니하며 버리지도 아니하고 오직 나를 하나님의 천사와 같이 또는 그리스도 예수와 같이 영접하였도다 너희의 복이 지금 어디 있느냐 내가 너희에게 증언하노니 너희가 할 수만 있었더라면 너희의 눈이라도 빼어 나에게 주었으리라"

기도 요점

하나님의 천사와 같이 다른 사람을 환대해 본 경험이 있는가? 할 수만 있다면, 자신의 몸의 일부라도 주고 싶은 대상이 있는가? 그리고 그 이유는 무엇인가?

도움의 말

바울 당시 병자를 만나면 그 병에 걸리지 않기 위하여 침을 뱉는 습관이 있었다고 한다. 그가 육체가 약하였는 데도 불구하고 갈라디아 교인들이 그를 사랑과 존경으로 대한다. 이를 바울은 그들에게 "너희를 시험하는 것이 내 육체에 있으되 이것을 너희가 업신여기지도 아니하며 버리지도 아니하고 오직 나를 하나님의 천사와 같이 또는 그리스도 예수와 같이 영접하였다"고 말한다. 바울은 자신을 환대한 이들을 이처럼 칭찬하는 까닭은 그들이 보여 준 사랑과 환대가 참된 것이었기 때문이다. 바울을 위하여 무엇이든지 다 해주기를 원하였던 그들의 헌신적인 모습을 바울은 '너희가 할 수만 있었더라면 너희의 눈이라도 빼어 나에게 주었으리라'고 표현한다.

묵상 나누기

위에서 묵상한 내용을 간략히 기록하고 함께 나눈다.

찬송

"사랑하는 주님 앞에"(220장)

3.
성경에 나타난 가족관계 :
용서하는 가족관계

남북 공동체를 대상으로 하는 경우,
남한 사람은 북한가정과 북한가정문화를,
북한 사람은 남한가정과 남한가정문화를 염두에 두고 응답할 수 있다

주제와 연관된 질문 _

1. 사랑하는 가족으로부터 상처를 입었다면 상처를 입힌 상대에게 나의 상처를 알게 하는가? 아니라면 그 이유는?
2. 남북 공동체 안에서 서로 상처를 주고받을 때, 이에 대한 자신의 반응과 대처방법은?
3. 용서할 수 없는 사람이 있는가? 있다면 왜 용서가 되지 않는가를 곰곰이 생각해 보았는가?
4. 용납되지 않는 사건 혹은 실패의 경험으로 괴로워해 본 경험이 있는가? 그렇다면 현재는 어떠한가?
5. 상처 준 사람에게 내가 받은 대로 상처를 되돌려 주려는 시도를 해 본 경험이 있는가?
6. 받은 상처가 쌓여서 상처 준 사람을 향한 분노감에 휩싸인 경험이 있는가? 그렇다면 그 상처와 분을 해소하는 자신의 방법은?
7. 분노를 갖게 한 상대와 더불어 개선된 관계를 갖기 위해 시도해 본 경험이 있는가?
8. 상처와 분노로 인하여 가족과 단절된 경험이 있는가? 현재 그 가족과의 관계가 회복되었는가? 아니라면 지금 그 가족과의 관계회복을 원하는가?
9. 가족의 잘못된 행동에 대한 자신의 대응방법은?
10. 가족들에게 잘못한 말과 행동을 한 후 사과하는가?

주제 내용 _

용서는 상처 입고 실패한 우리를 새로운 삶에로 옮겨 가는 기회를 제공해 준다(마 5:38-39, 롬 12:17). 그래서 용서란 우리를 용서하시는 하나님을 믿는 증거를 다른 사람들에게 보여 주는 방법이다(에 4:32). 우리가 사랑하는 사람에 의하여 상처를 입을 때, 우리의 첫 번째 반응이 그 상처를 되돌려 주려는 반응을 할 수 있다.

하나님을 믿는 가족이라 하더라도 서로에게 상처를 주는 관계를 갖는다. 사실 우리가 즉시 그 상처를 되돌려 주고, 상처를 준 사람에게 벌을 줄 수 있다. 이렇게 되면, 가족들 사이의 분과 상처의 골이 넓고 깊어진다. 이런 관계가 계속되면, 가족 간의 관계를 치유하는 방법들을 발견하기가 쉽지 않다.

물론 우리는 우리의 상처와 분을 우선 상대에게 전달할 필요가 있다. 그러나 전달과 함께 상처로 인한 서로의 관계회복 혹은 서로의 차이를 해결하기 위한 초청이 있어야 한다. 이때 핵심은 관계회복을 위한 초청이다. 상처를 준 상대를 처벌하기 위한 초청이 아니다. 왜냐하면 용서의 핵심은 다른 사람들의 요구에 무게를 두고 미래를 위한 관계에 중점을 두고, 처벌의 핵심은 상처 준 사람이 받아야 될 벌, 즉 과거에 행한 일에 중점을 두기 때문에 그 처벌이 그에게 앞으로 도움을 줄 것인지에는 관심이 없다.

용서는 "나는 상처를 받았다. 그리고 화가 나 있다. 그러나 내가 보복하면 우리 둘 중에 누구에게도 도움을 주지 못한다. 나는 우리 사이를 바르게 할 수 있는 일들을 위하여 무엇을 할 수 있기를 원한다."라고 말한다. 이것이 회복에로의 초대이다. 용서는 상대방이 다시 무엇을 안 할 것이라는 약속에 의존하지 않는다. 예를 들면, "만약 네가 나에게 속한 어떤 것도 다시는 버리지 않는다고 약속한다면, 나는 너를 용서할 것이고 일어났던 모든 일을 잊어버릴 것이다."의 경우는 용서가 아니다. 이것은 하나의 거래이다. 용서는 계약이 아니다. 그러므로 용서는 "네가 그것을 다시 하지 않는다고 약속한다면 나는 너를 용서할 것이다."라고 말하지 않고, "나는 네가 이제껏 한 것의 값을 치르게 하지 않을 것이다."라고 말한다.

그렇지만 용서 자체로 관계가 회복되지 않는다. 회복은 용서와 더불어 죄의 고백과 회개가 동시에 이루어질 때에만 가능하다. 하나님께서도 우리를 하나님과의 관계 속으로 초청할 때, 우리는 회개로 응답해야만 한다. 실제로 회개가 없는 관계회복의 허락은 그에게 죄의 다른 양상을 야기시킨다. 하나님은 우리의 죄를 변명하거나 눈감아 주지 않으신다. 우리는 우리가 한 것에 대한 책임이 있다.

이와 똑같은 방법으로 언약 가족 안에 있는 동반자는 그들이 한 일에 대하여 서로 간에 책임이 있다. 용서는 상대방이 빚을 지불해야만 되는 것으로부터 자유롭게 해 준다. 그러나 용서는 또한 미래가 달라질 것에 대한 기대를 수반한다. 불성실한 가족 관계 안에서 폭력을 용서한다는 것은 중요한 일이다. 그러나 회개가 없이 계속 용서만으로 관계를 회복하는 것은 상대로 하여금 불성실한 죄와 혹은 폭력의 죄를 계속하도록 허락하는 것이 된다.

사랑은 다른 사람이 회개할 수 있도록 잡아준다. "나는 너를 사랑한다. 그리고 나는 너를 용서한다. 네가 이제까지 한 것들 때문에 나는 너를 벌하지 않을 것이다. 그러나 네가 변화되지 않는다면, 나는 너와 함께 계속해서 관계를 갖지 않을 것이다. 왜냐하면 그렇게 하면, 네가 나를 그리고 너 자신을 다시 거듭하여 상처 주도록 격려하는 것이 되기 때문이다. 네가 회개하고 너의 삶을 변화한다면, 그때 관계가 회복될 것이다"라는 다짐이 가족관계에서 가끔 필요하다.

주제와 연관된 성경공부와 말씀묵상 _

재물을 갖고 집 나간 아들을 용서하는 아버지

본문말씀 누가복음 15:11~24

"또 이르시되 어떤 사람에게 두 아들이 있는데 그 둘째가 아버지에게 말하되 아버지여 재산 중에서 내게 돌아올 분깃을 내게 주소서 하는지라 아버지가 그 살림을 각각 나눠 주었더니 그 후 며칠이 안 되어 둘째 아들이 재물을 다 모아 가지고 먼 나라에 가 거기서 허랑방탕하여 그 재산을 낭비하더니 다 없앤 후 그 나라에 크게 흉년이 들어 그가 비로소 궁핍한지라 가서 그 나라 백성 중 한 사람에게 붙여 사니 그가 그를 들로 보내어 돼지를 치게 하였는데 그가 돼지 먹는 쥐엄 열매로 배를 채우고자 하되 주는 자가 없는지라 이에 스스로 돌이켜 이르되 내 아버지에게는 양식이 풍족한 품꾼이 얼마나 많은가 나는 여기서 주려 죽는구나 내가 일어나 아버지께 가서 이르기를 아버지 내가 하늘과 아버지께 죄를 지었사오니 지금부터는 아버지의 아들이라 일컬음을 감당하지 못하겠나이다 나를 품꾼의 하나로 보소서 하리라 하고 이에 일어나서 아버지께로 돌아가니라 아직도 거리가 먼데 아버지가 그를 보고 측은히 여겨 달려가 목을 안고 입을 맞추니 아들이 이르되 아버지 내가 하늘과 아버지께 죄를 지었사오니 지금부터는 아버지의 아들이라 일컬음을 감당하지 못하겠나이다 하나 아버지는 종들에게 이르되 제일 좋은 옷을 내어다가 입히고 손에 가락지를 끼우고 발에 신을 신기라 그리고 살진 송아지를 끌어다가 잡으라 우리가 먹고 즐기자 이 내 아들은 죽었다가 다시 살아났으며 내가 잃었다가 다시 얻었노라 하니 그들이 즐거워하더라”

기도 요점

아버지 허락도 없이 집을 떠나 먼 나라에 가서, 방탕하게 아버지로부터 강압적으로 요구하여 받은 상속금을 다 탕진한 둘째 아들에 대한 자신의 생각은 어떠한가? 이런 아들이 먹을 것이 없어서 다시 아버지 집으로 돌아오는데, 이를 지켜보고 있었던 아버지가 한걸음에 달려가 목을 안고 입을 맞추며 영접하여 집 안으로 들이고 잔치를 베푸는 아버지를 바라보는 자신의 생각은 어떠한가?

도움의 말

아들 둘이 있는데, 이 중 둘째가 아버지에게 재산 중에서 자기에게 돌아올 분깃을 달라고 요구한다. 당시 유대인들에게 재산상속은 아버지의 임종이 임박할 때 한다. 만약 아버지가 작은 아들에게 그의 몫을 미리 준다 해도 그 사용권은 여전히 아버지에게 있다.

만일 아버지가 생존해 있을 때, 상속자가 그 재산으로 장사를 해서 이익금을 남겼다 하였더라도 그는 그 이익들을 임의대로 사용하지 못하고 아버지에게 돌려주어야 한다. 그러나 그는 아버지 집을 떠나 먼 나라에 가 그 재산을 아버지의 동의 없이 마음대로 허랑방탕하게 살면서 그 재산을 탕진했다. 여기에 더하여 기근까지 겹쳐서 돼지 먹는 쥐엄열매로 배를 채우고자 하여도 주는 자가 없으므로 양식이 풍족하고 품꾼이 많은 아버지의 집을 향해 발걸음을 돌린다. 그는 집에 돌아가 아버지에게 '내가 하늘과 아버지께 죄를 지었사오니 지금부터는 아버지의 아들이라 일컬음을 감당하지 못하겠나이다 나를 품꾼의 하나로 보소서'라고 말할 것을 결심하고, 일어나 아버지께로 돌아간다.

아버지 집이 아직도 먼발치에 있건만 아버지는 그를 보고 측은히 여겨 달려가 목을 안고 입을 맞춘다. 아들이 아버지께 죄를 자복하고 지금부터는 아버지의 아들이라 일컬음을 감당하지 못한다고 말씀드리는데도 그의 회개를 듣지도 않으시고 아버지는 그를 용서했다.

그리고는 아버지께서는 종들에게 제일 좋은 옷을 내어다가 입히고 손에 가락지를 끼우고 발에 신을 신기고 살진 송아지를 끌어다가 잡으라고 지시한다. "이제 우리가 먹고 즐기자 이 내 아들은 죽었다가 다시 살아났으며 내가 잃었다가 다시 얻었다"고 아버지께서 말씀하시니 그곳의 모든 이들이 즐거워한다.

묵상 나누기

위에서 묵상한 내용을 간략히 기록하고 함께 나눈다.

찬송

"돌아와 돌아와"(525장) 혹은 "날마다 주와 멀어져"(275장)

4.
성경에 나타난 가족관계 : 은혜와 소망의 가족관계

남북 공동체를 대상으로 하는 경우,
남한 사람은 북한가정과 북한가정문화를,
북한 사람은 남한가정과 남한가정문화를 염두에 두고 응답할 수 있다.

주제와 연관된 질문 _

1. 가족들과 집안일을 분담하는 데 있어서 보이지 않는 기준이 있는가? 이 기준이 가족 내에서 지켜지지 않는다고 느낄 때, 이에 대한 자신의 반응 및 태도는 어떠한가?
2. 남북 공동체 안에서 역할을 분담할 때 보이지 않는 기준이 있는가? 이 기준이 적절하다고 생각하는가?
3. 다른 가족들에게 호의적으로 대하는가? 아니면 옳고 그른 것을 따지는 분위인가?
4. 가족들의 평안과 건강을 위하여 보살피는가 아니면 가족들로 하여금 억압적으로 하도록 강요하는가?
5. 가족들의 실수와 허물에 대한 자신의 반응은 어떠한가?
6. 계속되는 가족들의 실수로 지쳐 있을 때, 우리가 넘어지고, 실수하고, 화를 내고, 다른 이들과의 관계가 어긋나고, 살맛이 없고, 성실하지 못할 때에도 우리를 유지시켜 주는 하나님의 은혜에 감사하며, 우리를 바꾸실 하나님께 소망을 두는 것처럼 실수를 거듭하는 가족에게 소망의 모델역할을 해 보고 싶은가?
7. 가족관계로 인하여 거듭되는 어려움을 겪는 과정 속에서도 기적의 삶이 임하기를 바라면서 하나님의 은총과 능력에 소망을 두고 있는가?
8. 가족생활 속에서 부족하지만 하나님을 신뢰하는 믿음의 삶을 실현해 보려고 노력하는가?

주제 내용 _

“은혜는 공이 없는(과분한) 호의를 의미한다. 계약에 근거한 가족생활은 율법적인 분위기와 과거의 옳고 그른 것에 대한 대장(장부)으로 인도한다.” 언약에 근거한 가족생활은 미래를 위한 은혜와 소망의 분위기로 인도된다. 매일의 생활을 조정하는 가족 규례들과 과제들, 그리고 동의들이 분명히 우리에게 필요하다. 그러나 이러한 것들은 근원적인 것이 아니라 늘 관계적이고 임시적이다. 또한 이것들은 우리들의 계속되는 관계를 유지시켜 주는 조건들도 아니다. 규례들과 과제들, 그리고 기대들은 은혜를 전하고 우리들로 하여금 서로를 사랑하고 보살피게 하는 것들이다. 결코 이러한 것들은 서로를 억압하기 위한 것이 아니다.

가족들과의 생활에서 우리는 완전한 것으로부터 멀리 떨어져 있는 우리 자신을 발견한다. 가족으로 함께 생활하면서 넘어지고, 실수하고, 화를 내고, 서로의 관계에 지쳐있고, 성실하지 못할 때에도 우리를 현재까지 가족으로서 유지시켜 주시는 하나님의 은혜에 감사하는 생활을 할 수 있어야 한다. 우리 스스로가 하나님의 은혜를 경험할 뿐만 아니라 동시에 우리는 다른 가족들을 위하여 소망을 주는 모델이 될 수 있다.

특별히 계속 실수와 허물을 반복하는 가족구성원들에게 생활 속에서 계속적으로 일하시는 하나님의 은총의 증거와 우리들이 부족해도 가족구성원들을 통하여 일하시는 하나님에 대한 소망을 갖는 것이 중요하다. 이것은 가족들의 실패와 좌절에도 불구하고 하나님의 은총과 능력 앞에 온 가족들이 소망의 마음을 품는 것을 뜻한다. 이것은 바로 우리의 삶 속에서 일하시는 하나님께서는 기적의 삶을 우리에게 허락해 줄 수 있다는 믿음을 다른 가족들에게 유산으로 남기는 역할을 감당할 때만이 가능하다.

주제와 연관된 성경공부와 말씀묵상 _

하나님의 은총과 능력으로 형제들과 관계를 회복하는 요셉

본문말씀 창세기 45:1~8

"요셉이 시종하는 자들 앞에서 그 정을 억제하지 못하여 소리 질러 모든 사람을 자기에게서 물러가라 하고 그 형제들에게 자기를 알리니 그때에 그와 함께 한 다른 사람이 없었더라 요셉이 큰 소리로 우니 애굽 사람에게 들리며 바로의 궁중에 들리더라 요셉이 그 형들에게 이르되 나는 요셉이라 내 아버지께서 아직 살아 계시니이까 형들이 그 앞에서 놀라서 대답하지 못하더라 요셉이 형들에게 이르되 내게로 가까이 오소서 그들이 가까이 가니 이르되 나는 당신들의 아우 요셉이니 당신들이 애굽에 판 자라 당신들이 나를 이곳에 팔았다고 해서 근심하지 마소서 한탄하지 마소서 하나님이 생명을 구원하시려고 나를 당신들보다 먼저 보내셨나이다 이 땅에 이 년 동안 흉년이 들었으나 아직 오 년은 밭갈이도 못하고 추수도 못할지라 하나님이 큰 구원으로 당신들의 생명을 보존하고 당신들의 후손을 세상에 두시려고 나를 당신들보다 먼저 보내셨나니 그런즉 나를 이리로 보낸 이는 당신들이 아니요 하나님이시라 하나님이 나를 바로에게 아버지로 삼으시고 그 온 집의 주로 삼으시며 애굽 온 땅의 통치자로 삼으셨나이다"

기도 요점

하나님의 은총과 능력으로 자신에게 치명적인 해를 입힌 가족(남북공동체 가족)과 관계회복이 된 경험이 있는가? 애굽에 자신을 팔아넘긴 형제들을 신앙으로 용서하며 그들과 관계회복을 하는 요셉을 상상해 본다.

도움의 말

형들의 시기와 질투로 요셉이 애굽으로 팔려가 갖은 고생을 다 하였지만 하나님께서 그를 애굽의 총리로 세운다. 흉년이 들어 그의 형제들이 애굽까지 양식을 구하려 왔는데, 그들을 본 요셉은 정을 억제하지 못하고 자신의 정체를 밝힌다. 그는 울면서 형들에게 보복을 위한 심판자로서가 아니라 화해를 위한 용서자로서 나타난다. 요셉에게 행한 자신들의 죄로 인하여 당황하는 형제들에게 요셉은 자기에게로 가까이 오게 하며 '나는 당신들이 판 아우 요셉'이라고 말한다. 나를 이곳에 팔았다고 해서 근심하지도 말고 한탄하지도 말라고 하면서 '하나님이 생명을 구원하시려고 나를 당신들보다 먼저 보내셨던 것'이라고 고백한다. 요셉은 형제들에게 이 땅에 이 년 동안 흉년이 들었으나 아직 오 년은 밭갈이도 못하고 추수도 못할 것이라고 알려 준다. 그리고는 요셉이 형들에게 하나님이 큰 구원으로 당신들의 생명을 보존하고 당신들의 후손을 세상에 두시려고 나를 당신들보다 먼저 보내셨으니 나를 이리로 보낸 이는 당신들이 아니요 하나님이시라고 그들을 위로한다. 나를 이곳으로 보내신 하나님이 나를 애굽의 총리 삼으시고 바로의 온 집의 주로 삼으시며 애굽 온 땅의 통치자로 삼으신 것을 그들에게 말한다.

묵상 나누기

위에서 묵상한 내용을 간략히 기록하고 함께 나눈다.

찬송

"너희 죄 흉악하나"(255장)

5。 가족문화

남북 공동체를 대상으로 하는 경우,
남한 사람은 북한가정과 북한가정문화를,
북한 사람은 남한가정과 남한가정문화를 염두에 두고 응답할 수 있다.

주제와 연관된 질문 _

1. 탈북 이전의 가족문화와 탈북 이후의 가족문화의 차이는 무엇인가?
2. 한국사회의 문화가 자신의 가족생활에 미치는 영향은 무엇인가? 긍정적이라면 구체적으로 무엇인가? 부정적이라면 구체적으로 무엇인가?
3. 한국에 살면서 자신의 가족구성원들이 한국문화 혹은 한국가정문화의 영향을 받고 있다고 생각하는가?
4. 한국의 가정문화에서 이해할 수 없는 부분은 무엇인가? 한국문화 및 한국가정문화의 적응문제를 놓고 다른 가족구성원들과 의견이 일치되는가? 일치되지 않는다면 그것은 무엇인가? 일치되지 않았을 때 대처하는 방법은 무엇인가?
5. 한국문화에 적응되어 가는 것이 편안한가 아니면 불편한가? 편안한 이유와 불편한 이유는 무엇인가?
6. 한국에서 갖고 싶은 직업은 무엇인가? 이를 위하여 준비하고 있는 것이 있는가?
7. 한국문화 가운데 가장 본받고 싶지 않은 것은 무엇인가?
8. 당신의 가정 안에서 노인들의 위상은 어떠한가?
9. 당신의 가족 안에서의 문화는 어떠한가?
10. 나의 가족문화에서 모든 가족구성원들이 편안하게 공유하고 있는 요소는 무엇이라고 생각하는가?
11. 당신의 가족자체문화의 전통과 예식은 무엇인가?
12. 혹시 당신의 가족구성원들끼리만의 가족문화로 말미암아 야기되고 있는 문제나 갈등이 있는가?
13. 앞으로 자신이 바라는 가족의 미래의 삶의 양식은 무엇인가?

주제 내용 _

가족생활에 있어서도 힘의 역동성이 형성되는데, 이때 주변지역의 문화가 영향력을 준다. 사실 문화는 가족생활의 모든 측면에 영향을 준다. 우리는 문화로부터 가정에서 저녁에 무엇을 먹을 것인지, 어떻게 서로의 차이를 다루어야 되는지, 성별과 역할에 따라 누가 힘을 더 가지고 있는지 등에 관하여 배운다.

문화는 더 나아가 가족구성원들이 어떻게 사회화 할 것인가를 규정해 준다. 사회화는 사람들이 그들의 사회가치와 행동을 익히는 과정이다. 가족 안에서도 계속하여 문화적인 훈련이 지속된다. 우리는 가끔 어린이들만이 가족에 의하여 사회화되어 가고 있는 것으로 생각한다. 그러나 어른들도 그들의 삶 전체를 통하여 계속해서 사회화되어 간다. 그러므로 남북공동체의 사람들도 지금 살고 있는 한국문화에 의하여 사회화되어 간다.

사회화는 세 가지 목적이 있다. 첫째는 양심을 포함하여 강압적인 조절이다. 두 번째는 직업적 역할, 성역할 그리고 결혼과 부모의 역할 등을 준비하며 익히게 한다. 세 번째는 의미의 자원을 개발한다. 즉 중요한 것, 가치 있는 것, 삶이 추구해야 하는 것과 같은 의미를 지닌 자원을 개발한다.

이런 관점에서 볼 때, 산업시대의 핵가족 내지 정보시대의 탈 핵가족화 되어 가고 있는 오늘날의 가정문화는 조부모들이 가정의 저변의 위치로 혹은 핵가족의 울타리 밖으로 내몰린다. 동시에 조부모 어르신들 역시 오늘날 그들의 위상을 격하하는 문화에 의하여 사회화되어 가고 있다. 가정 내에서 조부모 어르신들이 힘을 행사할 수 없게 되었으므로 그들의 역할 역시 축소되어 있다.

그러나 아직도 가족을 압도하는 다른 문화가 있다. 이것은 가족 자체 내의 내면문화이다. 가족은 가족자체의 문화를 가지고 있는데, 이것은 삶을 사는 독특한 전략과 가치들이다. 여기서 말하는 내면문화는 가족들이 속해 있는 장소, 계층, 종교만을 의미할 뿐 아니라 그 가족자체의 문화까지 포함한다. 가족자체의 문화는 공유된 이야기, 전통, 예식(의례), 가족구성원 간의 교제하는 방법, 그리고 가족의 역사와 가족의 미래를 향한 삶의 양식으로 구성된다.

각 나라가 독특한 문화를 가지고 있는 것처럼 가족마다 독특한 문화를 지니고 있다. 가족문화의 또 다른 측면은 세상에 대한 가족들의 공유된 통념이다. 갈등과 불일치가 있음에도 불구하고 가족구성원들은 근본적인 통념들을 공유한다. 어떤 사람은 가족들의 이러한 통념들을 인지적으로 거부할지라도 감정적으로 그 통념에 붙어 있는 경우가 있다. 이러한 통념들은 무엇이 가치가 있고, 누가 가치 있는 사람이고, 가치를 무슨 방법으로 표현해야 되는지를 정해 준다. 이런 의미에서 가족들은 그들의 가족문화와 사회통념을 수행한다.

너희가 섬길 자를 오늘 택하라

본문말씀 여호수아 24:13~15

"내가 또 너희가 수고하지 아니한 땅과 너희가 건설하지 아니한 성읍들을 너희에게 주었더니 너희가 그 가운데에 거주하며 너희는 또 너희가 심지 아니한 포도원과 감람원의 열매를 먹는다 하셨느니라 그러므로 이제는 여호와를 경외하며 온전함과 진실함으로 그를 섬기라 너희의 조상들이 강 저쪽과 애굽에서 섬기던 신들을 치워 버리고 여호와만 섬기라 만일 여호와를 섬기는 것이 너희에게 좋지 않게 보이거든 너희 조상들이 강 저쪽에서 섬기던 신들이든지 또는 너희가 거주하는 땅에 있는 아모리 족속의 신들이든지 너희가 섬길 자를 오늘 택하라 오직 나와 내 집은 여호와를 섬기겠노라 하니"

기도 요점

한국에 와서 전과 달리 누리는 것이 있다면 무엇인가? 여호수아가 출애굽하여 젖과 꿀이 흐르는 가나안에 땅에 거주하면서 건축하지도 않은 성읍과 심지도 아니한 과실들을 먹고 사는 이스라엘 백성들에게 "너희가 섬길 자를 오늘 택하라"고 촉구하는 까닭은 무엇인가?

도움의 말

애굽에서 종살이 하던 이스라엘이 그곳을 떠나 젖과 꿀이 흐르는 가나안 땅으로 들어온 것은 그들의 수고와 노력에 의한 것이 아니다. 이는 오직 하나님의 축복으로 말미암은 것이다. 그래서 그들은 가나안에서 그들이 건축하지 아니한 성읍과 심지 아니한 과실을 먹게 된다. 그러므로 이제는 여호와만 섬기는 신앙결단을 하도록 여호수아가 요청한다. 이는 그들에게 가나안 신을 섬기거나 과거 애굽의 신을 섬기지 말라는 요청이다. 이처럼 여호수아가 그들의 신앙결단을 촉구하는 까닭은 이스라엘 백성들에게 맹목적으로 종교적 굴레를 씌우려는 것이 아니다. 출애굽과정 속에서 역사하신 하나님의 보호하심을 회상하면서 하나님의 존재를 분명히 알고 깨달아 감사하면서 마음으로부터 우러나오는 신앙결단을 하여야 그들이 가나안에서 평안하고 행복하게 살 수 있기 때문이다.

그리하여 여호수아가 하나님을 섬기되 오직 하나님만을 향하여 순수한 마음으로 섬길 것을 그들에게 요청한다. 동시에 여호수아는 그들에게 어떠한 유혹에도 견딜 수 있는 견고한 마음가짐으로 여호와를 섬길 것을 요청한다. 이는 이스라엘 백성들이 우상의 영향을 받고 있었으며, 우상으로부터 완전히 떠난 상태가 아니었음을 암시한다.

그러나 여호와 하나님을 섬기는 것이 '내키지 않거든' 혹은 '바람직스럽게 보이지 않거든' 너희 조상들의 신들이든지 또는 너희가 거주하는 땅에 있는 신들이든지 너희가 섬길 자를 오늘 택하라고 여호수아가 그들에게 촉구한다. 이어서 임종을 앞둔 여호수아는 오직 나와 내 집은 여호와를 섬기겠다는 그의 결단을 그들에게 드러내는데, 이는 하나님을 섬기되 결코 억지로나 마지못해서가 아니라 오직 성실과 진정으로 섬겨야 한다는 사실을 일깨워 주기 위함이다.

묵상 나누기

위에서 묵상한 내용을 간략히 기록하고 함께 나눈다.

찬송

"어느 민족 누구게나"(586장)

6.
가족의 역할

남북 공동체를 대상으로 하는 경우,
남한 사람은 북한가정과 북한가정문화를,
북한 사람은 남한가정과 남한가정문화를 염두에 두고 응답할 수 있다.

주제와 연관된 질문 _

1. 가족 안에서 자신의 역할은 무엇인가? 이 역할에 만족하는가? 만족하지 않는다면 그 이유는 무엇인가?
2. 가족 안에서의 자신의 역할이 다른 가족구성원들의 복지에 기여하는가? 기여한다면 구체적으로 기여하고 있는 무엇인가?
3. 자신의 가족 안에서 가장 힘있는 사람은 누구인가? 가장 힘있는 가족구성원과 잘 지내는가? 잘 지내지 못하는 경우 그 까닭은 무엇인가?
4. 자신의 가족 안에서 가장 힘있는 사람의 역할은 무엇인가? 그 사람의 역할에 만족하는가? 만족하지 않다면 만족하지 못하는 원인이 무엇인가?
5. 가족들 가운데 가장 잘 통하는 사람은 누구인가? 반면 잘 통하지 못하여 힘든 사람은 누구인가?
6. 가족관계에서 자신의 영향력은 어떠한가?
7. 가족들 가운데 자신의 영향력을 가장 끼치고 싶은 사람은? 그 이유는 무엇인가?
8. 집안일을 도맡아 하는 사람은 누구인가?
9. 집안에서 경제력을 행사하는 사람은 누구인가?
10. 집안의 대소사를 결정하는 데 있어서 가족구성원들이 서로 협력하면서 의논하는가?
11. 가족들의 기분과 느낌에 민감하게 반응하는가?

주제 내용 _

가족의 역할은 가족 안에 있는 힘의 분배와 관계있는데, 이 힘은 가끔 가족 안에 세대 간의 관계와 성별 관계에 의해서도 분배된다. 예를 들면, 일반적으로 가정 안에서 남성이 여성보다 그리고 어른들이 어린아이들보다 더 큰 힘을 가지고 있다. 우리의 문화적 가치는 가족구성원들 중에 누군가가 다른 구성원들의 복지에 기여하는 힘을 요구한다. 그럼에도 불구하고 그 힘이 가끔 남용될 수 있다. 이 말은 더 많은 힘을 갖고 있는 사람들이 보다 적은 힘을 갖고 있는 사람들로부터 이익을 취한다는 것을 의미한다. 그러나 영향력 혹은 힘은 한 개인의 특성이 아니다. 그것은 사람들 사이의 관계 속에 있다. 어린아이가 우는 것은 부모가 그 울음에 귀를 기울이고 응답할 때만 영향력이 있는 것이다. 가족관계에서 사실 어떤 사람은 다른 가족구성원들에게 영향력을 미칠 만큼의 역할을 가지고 있다. 두려움에서든지 신뢰에서든지 간에 그 영향력이 가족구성원들에게 적용된다. 그 힘은 모든 가족들의 관계들에까지 영향을 끼치는 역동성이다.

우리는 늘 서로에게 영향력을 시도하려고 할 뿐만 아니라 실제적으로 서로에게 힘을 행사하려고 한다. 가족들은 누가 집안일을 할 것인지, 누가 가정경제의 예산책정 및 지출과 예금을 담당할 것인지, 휴가는 어디로 갈 것인지 등과 같은 매일의 문제들을 위하여 타협과 더불어 결정을 해야만 된다. 가족구성원들이 서로에게 의존하는 범위에 따라서 기분과 느낌, 힘에 의해 서로서로 영향을 받게 된다.

주제와 연관된 성경공부와 말씀묵상 _

분쟁을 일으키러 왔다

본문 말씀 누가복음 12:49~53

"내가 불을 땅에 던지러 왔노니 이 불이 이미 붙었으면 내가 무엇을 원하리요 나는 받을 세례가 있으니 그것이 이루어지기까지 나의 답답함이 어떠하겠느냐 내가 세상에 화평을 주려고 온 줄로 아느냐 내가 너희에게 이르노니 아니라 도리어 분쟁하게 하려 함이로라 이 후부터 한 집에 다섯 사람이 있어 분쟁하되 셋이 둘과, 둘이 셋과 하리니 아버지가 아들과, 아들이 아버지와, 어머니가 딸과, 딸이 어머니와, 시어머니가 며느리와, 며느리가 시어머니와 분쟁하리라 하시니라"

기도 요점

당신의 가족구성원들은 누구누구인가? 이 구성원들 사이에서 일어나고 있는 갈등과 분쟁은 무엇인가? 이 분쟁과 갈등을 해소하기 위하여 노력하고 있는 것은 무엇인가? 그 노력의 효율성은 어떠한가?

도움의 말

예수께서 선과 악을 구분하는 심판을 내리러 이 땅에 오셨지만 그 심판의 불이 아직 타오르지 않았다고 말씀하신다. 이어서 예수께서 말씀하시는 '세례'는 십자가에서의 죽음을 의미한다. 예수의 십자가에서의 죽음은 예수께서 성취하셔야 할 사명에 의한 죽음으로서 예수께서는 이러한 죽음을 완성하셔야 할 사명을 인식하고 계신다. 그런데도 예수께서는 조금도 주저함 없이 그 길을 걸어가신다. 그렇지만 예수께서 "나의 답답함이 어떠하겠느냐"고 하시면서 "내가 세상에 화평을 주려고 온 줄로 아느냐 내가 너희에게 이르노니 아니라 도리어 분쟁하게 하려 함이로라"고 말씀하신다. 이는 예수께서 오신 목적이 궁극적으로 평화를 위한 것이지만, 이 평화는 선과 악을 분리하는 심판이 선행 조건이 되는 평화이다. 그러므로 예수의 오심은 선과 악, 참과 거짓, 진리와 비 진리 간의 갈등과 분열을 동반한다. 그래서 예수께서는 화평이 아니라 검(劍)을 주기 위해 오셨다고 말씀하신다. 그 분쟁이 가족 안에서까지 일어나 가족들 사이의 분쟁이 있을 것을 예고하시면서 한 집에 다섯 사람이 있어 분쟁하되 셋이 둘과 둘이 셋과 할 것이라고 말씀하신다. 이 집은 아버지, 어머니, 결혼한 아들 내외 그리고 아직 출가(出嫁)하지 않은 딸로 이루어진 5인 가족일 것인데, 이 가족 안에서 아들이 아버지를 멸시하며 딸이 어머니를 대적하며 며느리가 시어머니를 대적할 것이라고 예수께서 말씀하신다. 즉 사람의 원수가 곧 자기의 가족들인 것을 말씀하시는데, 이는 가족의 비극적 분열과 갈등을 강조하기 위하여 서술된 표현으로 본다.

묵상 나누기

위에서 묵상한 내용을 간략히 기록하고 함께 나눈다.

찬송

"사랑하는 주님 앞에"(220장) 혹은 "네 맘과 정성을 다하여서"(218장)

7.
청지기로서의 재물 사용의 원리

남북 공동체를 대상으로 하는 경우,
남한 사람은 북한가정과 북한가정문화를,
북한 사람은 남한가정과 남한가정문화를 염두에 두고 응답할 수 있다.

주제와 연관된 질문 _

1. 가족 간에 재물사용의 문제로 갈등을 갖는가? 그렇다면 누구와의 갈등이며 또한 그 갈등의 주요인은 무엇인가?
2. 식료품 구입 시 물건의 선택을 놓고 가족들 사이에 의견일치가 되는가? 일치가 될 경우와 되지 않을 경우에 관한 의견을 나눈다.
3. 인간의 기본욕구인 의식주의 문제로 고민하는 사람을 볼 때 이에 대한 자신의 반응은 어떠한가?
4. 재물관리에 관한 일로 부부가 다툰 경험이 있는가? 있다면 그 다툼이 누구의 승리로 끝맺게 되었는가? 아니면 계속 그 다툼이 지속되어 힘겨운가?
5. 부부가 합의하여 자녀교육에 재물을 투자하는가?
6. 자녀를 위한 재물사용에 있어서 가장 힘겨운 부분은 무엇인가? 그 이유는?
7. 재물을 축적하는 자신의 방법은 무엇인가?
8. 재물을 소비할 때 자연환경을 배려하는가?
9. 모든 재물은 하나님으로부터 왔다는 믿음으로 청지기로서 재물을 관리할 뿐만 아니라 하나님 나라를 위하여 기꺼이 재물을 드리고 싶은가?

주제 내용 _

오늘날 재물 때문에 사람들의 목숨을 앗아가는 사건들이 우리 주변에서 빈번하게 일어나고 있다. 이 사건들은 우리로 하여금 돈의 취득과 소비에 관한 인식을 새롭게 하도록 촉구한다. 이러한 촉구는 일반인에게만 국한되지 않는다. 우리 그리스도인들에게도 예외가 아니다. 재물에 대한 바른 이해는 직업과 일상생활 속에서 우리 삶의 향상과 발전을 위하여 필요하다. 왜냐하면 우리는 재물을 취득하고 처분하는 경제행위를 해야 하기 때문이다.

우리 그리스도인들도 모든 재물이 하나님으로부터 온다는 전제 아래 청지기로서 경제의 목적들, 근본적, 인간적, 사회적, 그리고 생태학적 목적을 바르게 수행할 수 있어야 한다. 그리스도인들 역시 직업과 일상의 삶 속에서 경제 행위에 참여하기 때문에 청지기로서 책임 있는 경제행위를 해야 한다. 만약 재물을 잘못 사용하게 되면, 경제의 목적들 자체가 왜곡되어 사람의 삶의 위기 내지 생명의 위협을 줄 수도 있다.

첫째, 그리스도인들은 다른 사람들처럼 무엇보다도 먼저 인간의 성장과 발전을 위한 기본욕구 충족을 위하여 재물을 사용한다. 이것이 바로 경제의 근본적 원리인데, 이는 사람의 의식주와 같은 근본욕구뿐만 아니라 다른 사람의 근본욕구 충족과 자신과 타인의 영혼의 영적 욕구를 위하여 재물을 사용하는 것을 뜻한다.

둘째, 그리스도인들은 재물의 증식을 근면하게 노력하고 노동한 대가로 얻는 인간적 원리를 준수한다. 그들은 노동과정과 영리과정에서 노동하는 다른 사람과 함께 결정하고 책임지는 인격적인 관계를 갖으면서 하나님의 사랑하시는 목적들을 실현하는 데까지 재물을 사용한다.

셋째, 그리스도인들은 그들의 재물을 정의로운 분배와 더불어 수입과 재산의 형태로 사회적 생산을 나누며, 인간의 능력에 맞는 교육과 노동의 기회를 통하여 사람의 삶을 보다 의미 있게 하는 경제의 사회적 원리에 충실히 임한다. 정의의 분배는 개인에게만 국한되어 있지 않고 국가의 통치자와 지도자도 경제의 정의로운 분배에 참여해야 한다. 이런 관점에서 볼 때 청지기로서의 재물 사용의 사회적 원리는 악을 미워하고 선을 사랑하면서 의로운 경제 행위를 하는 데 있다.

넷째, 그리스도인들은 지구 생태계의 관리자로서 모든 생명체와 그 주변 환경을 섬기고 보존하면서 하나님이 주신 자원을 이용하는 경제의 생태학적 원리, 즉 친 환경적 원리를 수행한다. 이는 생활환경과 생산 환경을 친환경적으로 관리하는 삶을 의미한다.

온전하고자 할진대

본문말씀 마태복음 19:16~22

"어떤 사람이 주께 와서 이르되 선생님이여 내가 무슨 선한 일을 하여야 영생을 얻으리이까 예수께서 이르시되 어찌하여 선한 일을 내게 묻느냐 선한 이는 오직 한 분이시니라 네가 생명에 들어가려면 계명들을 지키라 이르되 어느 계명이오니이까 예수께서 이르시되 살인하지 말라, 간음하지 말라, 도둑질하지 말라, 거짓 증언하지 말라, 네 부모를 공경하라, 네 이웃을 네 자신과 같이 사랑하라 하신 것이니라 그 청년이 이르되 이 모든 것을 내가 지키었사온대 아직도 무엇이 부족하니이까 예수께서 이르시되 네가 온전하고자 할진대 가서 네 소유를 팔아 가난한 자들에게 주라 그리하면 하늘에서 보화가 네게 있으리라 그리고 와서 나를 따르라 하시니 그 청년이 재물이 많으므로 이 말씀을 듣고 근심하며 가니라"

기도 요점

그리스도인으로서 재물사용에 있어서 온전하기를 원하는가? 그렇다면 현재 하나님께서 허락하신 재물을 청지기로서 올바르게 사용하고 있는지 자신을 성찰해 보자.

도움의 말

부자 청년이 예수에게로 나아와 영생을 얻으려면 어떤 선한 일을 하여야 하느냐고 묻는다. 이 질문에 예수께서 선한 일을 행하는 것보다 먼저 선한 하나님을 아는 것이라고 대답하신다. 이는 하나님의 선한 역사인 예수 그리스도의 말씀을 믿고 따라야 함을 그에게 말씀한 것이다. 영생이란 영존하시는 하나님의 생명에 참여하는 것인데, 이는 오직 세상을 이처럼 사랑하사 독생자를 주신 것을 믿는 이에게 주어진다. 영생은 어떤 규율과 선을 준행하는 데에 있지 않고 성령의 역사로 어린아이처럼 절대 선하신 하나님을 믿음으로 받아드려 순수한 영혼과 순종의 마음을 지닌 존재가 되는 데에 있다. 그리고 죽기까지 자신의 모든 것을 사람을 위해 주신 하나님의 본체이신 그리스도의 예수를 따르는 것이다. 그래서 예수께서 부자 청년에게 생명에 들어가려면 계명들을 지키라고 하시는데, 이는 계명을 지킴으로써 영생을 얻게 된다는 말씀이 아니라, 생명에 들어갈 자, 곧 구원받을 자는 계명을 지키는 생활을 하는 자임을 말하는 것이다.

사실 신구약을 통틀어 '선한' 분이신 하나님의 계명은 이미 '그 속에 생명의 약속이 포함되어 있다.' 이는 '하나님 사랑'과 '이웃 사랑'으로 요약될 수 있다. 여기서 '계명들을 지키는' 것이란 모세의 십계명을 외형적으로 지키는 것만을 의미하지는 않는다. 계명을 문자 그대로 실현하는 것이 아니라 계명의 원래 목적을 온전히 이해하고 하나님을 사랑하고 이웃을 내 몸과 같이 사는 것을 의미한다.

이러한 의미의 말씀을 다 알지 못한 채 그 부자 청년은 예수를 떠난다. 그러자 예수께서 제자들에게 부자는 천국에 들어가기가 어렵다고 말씀하시면서 낙타가 바늘귀로 들어가는 것이 부자가 하나님의 나라에 들어가는 것보다 쉽다고 비유하신다.

예수 그리스도께서는 재물과 탐욕이 천국을 들어가는 데 얼마나 큰 장애가 되는가를 제자들에게 경고하신다. 여기서 분명한 것은 부자나 가난한 자나 할 것 없이 하나님보다 재물을 더 의지하는 자는 영생의 축복을 받지 못한다는 사실이다. 그래서 예수께서 부자 청년에게 온전하고자 하면, 재물을 가난한 자들에게 나누어 주고 나를 따르라고 말씀하신 것이다.
우리가 그리스도인으로서 온전하고자 한다면, 예수님께서 부자 청년에게 말씀하신 것처럼 우리도 하나님을 사랑하고 이웃을 내 몸과 같이 사랑하여 우리에게 주신 재물을 다른 이들의 필요와 교육받고 성장할 수 있도록 도울 수 있어야 한다. 더 나아가 청지기로서 재물을 관리하고 선하게 사용하여 사회와 다른 이웃에게 혜택을 그리고 자연환경에 피해를 주지 않아야 한다.

묵상 나누기

위에서 묵상한 내용을 간략히 기록하고 함께 나눈다.

찬송

"내게 있는 모든 것을"(50장)

8.
가족 내의 간세대적 갈등

남북 공동체를 대상으로 하는 경우,
남한 사람은 북한가정과 북한가정문화를,
북한 사람은 남한가정과 남한가정문화를 염두에 두고 응답할 수 있다.

주제와 연관된 질문 _

1. 아내는 남편의 일하는 모습과 과정을 고려해 본 경험이 있는가?
2. 남편은 아내가 집 안에서 자녀양육과 더불어 식구들을 먹이고 돌보는 데 있어서 얼마만큼의 수고와 노동하는지 고려해 본 경험이 있는가?
3. 자녀들은 부모님이 자신들을 낳아 기르고 먹이고 가르치는 데 있어서 혼신의 힘을 다하고 있음을 느껴 본 경험이 있는가?
4. 가족들이 한자리에 앉아서 각자의 역할에 관한 어려움을 마음 터놓고 대화해 본 경험이 있는가?
5. 만약 가족들 가운데 자신의 역할이 힘들어서 하소연할 때 이에 대한 당신의 반응은?
6. 적어도 한 달에 한 번 역할을 바꿔 본 경험이 있는가?
7. 부모로서 자녀들을 양육하는 과정에서 조부모의 간섭으로 인하여 고통스러웠던 경험이 있는가? 있다면 이를 해결하였던 방법은 무엇인가?
8. 성인자녀로서 부모도 돌봐야 하고, 자녀들도 보살펴야 하는 책임감으로 인하여 힘에 부친 경험이 있는가? 이럴 때 자신의 대처방법은 무엇이었는가?

주제 내용 _

사회적으로 볼 때 전통적인 사회에서는 가족들이 함께 일하고 또한 그들의 이웃과 가까운 관계를 가지면서 간세대적 상호 관계를 유지했었다. 그런데 오늘날 사회는 가족구성원들 모두가 흩어져서 사회적인 기관이나 학교, 직장과 가정에서 각자 흩어져 생활을 한다. 전통적인 가족에서는 또한 가족을 위해서 개인이 희생하는 삶에 가치를 두었는 데 반하여 오늘날의 가족은 개인의 권리와 요구에 따라 주도권을 행사하려 하기 때문에, 상대적으로 가족들 사이의 감정적 유대와 서로를 지지하는 삶이 약화되어 가고 있다.

게다가 도시화와 정보화시대는 사람들이 살고 있는 곳으로부터 멀리 떨어진 곳에서 일을 해야 되는 구조이므로 배우자와 어린아이들은 남편이나 아버지가 일하는 곳에 대해서 거의 아는 것이 없다. 그러므로 직장에서 일하는 어른들의 모습과 가정 안에서의 어른들의 모습 사이의 차이를 어린아이들이 인식하기 어렵다. 이와 같이하여 가족들이 함께 일을 하면서 의미 있는 대화를 나눌 수 있는 기회가 오늘날 가정에서는 상실되어 가고 있다.

노인 세대의 부모들이 기대하고 원하는 것과 성인 자녀들이 믿는 것과 할 수 있는 것 사이에는 늘 갈등이 있게 마련이다. 그래서 세대 간의 갈등은 성인 자녀들과 노부모 사이의 단절을 초래할 뿐만 아니라 이로 인하여 손자 손녀들의 양육 문제까지도 심각하게 대두된다. 핵가족의 경우, 성인부모들이 그들의 자녀들과 노부모들을 보살피는데, 이들이 직장을 갖고 있을 때 자녀 양육과 노부모 보살핌의 문제가 동시에 대두된다. 이런 문제들의 해결을 위한 한 시도로서 가족 내에 간세대적 관계, 즉 성인 자녀와 그들의 노부모 내지 그들의 자녀들, 즉 3세대 모두를 위하는 관계가 중요하다. 이 같은 간세대적 관계에서 조부모의 역할은 3세대 모두를 위해서 중요하다. 조부모들은 손자 손녀들을 보살피면서 그들에게 가족의 삶의 문화를 전수해 줄 수 있고, 또 그들을 위로하고 그들의 필요를 충족시켜 줄 수 있다. 또한 역으로 손자 손녀들은 연약한 조부모를 섬기며 외롭지 않게 도와줄 수 있다.

이렇게 함으로써 3세대가 신체적으로 보다 가깝게 접촉할 수 있고, 동시에 삶의 목적을 서로 깊이 나눌 수 있다. 조부모들은 개인적으로 힘들 수도 있겠으나 그들의 노후를 성인 자녀들과 그리고 손자 손녀들과 더불어 삶을 공유할 수 있으므로 감정적인 지지를 서로 주고받으면서 행복한 노후를 지낼 수도 있다.

시어머니와 며느리의 간세대적 관계

본문말씀 룻기 4:13~17

"이에 보아스가 룻을 맞이하여 아내로 삼고 그에게 들어갔더니 여호와께서 그에게 임신하게 하시므로 그가 아들을 낳은지라 여인들이 나오미에게 이르되 찬송할지로다 여호와께서 오늘 네게 기업 무를 자가 없게 하지 아니하셨도다 이 아이의 이름이 이스라엘 중에 유명하게 되기를 원하노라 이는 네 생명의 회복자이며 네 노년의 봉양자라 곧 너를 사랑하며 일곱 아들보다 귀한 네 며느리가 낳은 자로다 하니라 나오미가 아기를 받아 품에 품고 그의 양육자가 되니 그의 이웃 여인들이 그에게 이름을 지어 주되 나오미에게 아들이 태어났다 하여 그의 이름을 오벳이라 하였는데 그는 다윗의 아버지인 이새의 아버지였더라"

기도요점

시어머니 나오미와 며느리 룻의 사이는 어떠한가? 이 둘 사이의 간세대적 관계가 서로에게 주는 유익은 무엇인가? 나오미와 룻의 아름다운 동거를 통해 하나님께서 이루어 가신 놀라운 일은 무엇인가?

도움의 말

보아스가 모압 민족의 신이 그모스를 버리고 여호와를 믿어 하나님의 은총을 입은 룻을 취하여 아내로 삼는다. 그리하여 모압 계의 룻이 가나안 여인 라합 및 다말과 더불어 그리스도의 계보에 들게 되는 영광을 얻게 된다(마 1:5). 보아스와 결혼한 룻이 하나님의 은혜로 아들을 낳아 남편과 아들 둘을 다 잃은 시어머니 나오미의 가문을 이어나가게 한다. 보아스와 룻이 낳은 아들은 '계대 결혼'에 의해 태어난 아이이므로, 곧 나오미의 남편인 엘리멜렉 가문을 잇게 될 자녀였다. 그래서 이 아이의 할머니인 나오미에게 다른 여인들이 여호와께서 오늘 네게 기업 무를 자가 없게 하지 아니하였다고 말하면서 이 아이의 이름이 이스라엘 중에 유명하게 되기를 원한다고 격려한다. 왜냐하면 이 아이는 네 생명의 회복자이며 네 노년의 봉양자이므로 너를 사랑하며 일곱 아들보다 귀한 네 며느리가 낳은 자라고 칭찬을 아끼지 않는다. 이에 나오미가 아기를 받아 품에 품고 그의 양육자가 된다. 사실 나오미에게는 마치 아들처럼 그 아기가 위로와 기쁨을 준다. 이 아이의 이름이 '오벳'인데, 그는 장차 다윗의 아버지인 이새의 아버지이다. 이와 같이하여 룻의 아들인 오벳이 아브라함과 다윗의 자손 예수 그리스도의 계보 안에 들게 된다.

묵상 나누기

위에서 묵상한 내용을 간략히 기록하고 함께 나눈다.

찬송

"너 근심 걱정 말아라"(382장)

9.
가족들 사이의 소통

남북 공동체를 대상으로 하는 경우,
남한 사람은 북한가정과 북한가정문화를,
북한 사람은 남한가정과 남한가정문화를 염두에 두고 응답할 수 있다.

주제와 연관된 질문 _

1. 우리 가족은 대화하는 데 얼마나 많은 시간을 보내는가? 그렇다면 주로 누구와 어떤 내용의 대화를 하는가? 그렇지 않다면 그 이유는 무엇인가?
2. 가족들과 대화 중에 다른 가족이 나를 이해하고 알고 있다고 느껴지는가?
3. 가족과 대화하다가 막히는 경험을 하는가? 이 경험들이 자신을 힘들게 하는가?
4. 대화 중 갈등과 더 나아가 말이 통하지 않는다는 벽에 부딪히는 이유를 생각해 본 적이 있는가? 그렇다면 갈등과 불소통의 근원지는 무엇이라고 생각하는가?
5. 교회를 다니면서 가족들 사이에 갈등이 완화된 경험을 하였는가?
6. 가족 사이의 갈등과 불소통을 나 스스로 아니면 서로 노력하면 해결할 수 있다고 믿는가? 믿는다면 이에 대한 당신의 해결 비법은 무엇인가? 해결할 수 없다고 생각한다면 이에 대한 당신의 생각은 무엇인가?
7. 가정 안에서 신앙의 본을 보이는 삶을 살고 있다고 생각하는가?
8. 가정의 주인이 예수 그리스도라고 생각하면서 가족들을 대하고 있는가?

주제 내용 _

그 어느 때보다도 빠르고 다양하게 소통의 수단들(예를 들면, 핸드폰이나 컴퓨터 등에 기반을 둔 소셜 미디어들)이 발달하고 있다. 그럼에도 불구하고 '소통의 부재' 역시 이 시대를 관통하는 이야깃거리이다. 스마트폰과 컴퓨터가 가족들에 대한 관심과 대화를 대체하고, 가족들 간에 감정적 유대는 약화되고, 가족 간에서조차 소외의 문제가 나타나고 있다.

「중앙일보」의 보도에 따르면, 초록우산어린이재단이 2018년 5월 가정의 달을 맞아 국내 초·중·고교생 571명을 조사한 결과, 하루 평균 가족과 보내는 시간이 단 13분(평일 기준)에 그쳤다. 가장 가까워야 할 가족끼리 대화를 나누거나 같이 노는 시간이 하루 0.9%밖에 안 된다. '거의 매일 자녀와 대화하는 부모'의 비율은 53.7%로 경제협력개발기구(OECD) 국가 평균인 70%에 한참 모자라는 수치이다.

또한 2015년 가족실태 조사에 따르면 아버지의 17.4%(어머니 13.8%)는 '자녀가 나를 이해하지 못한다'고 생각한다. 청소년의 19.2%는 아버지(어머니는 22.6%)가 '나를 잘 이해하지 못한다'고 생각한다. 청소년의 16.4%는 아버지와 자주 다투고 24.6%는 어머니와 다투는 것으로 나타났다. 이러한 가족 간의 대화의 부재와 이로 인한 정서적 어려움은 탈북민 가정도 예외가 아니다. 2007년 한국기독교교육교역 연구원이 실시한 설문조사(Y교회에 다니는 탈북자 50명을 대상으로 설문지를 배포한 결과 22명 응답)에 따르면, 탈북교인들은 '가족관계'를 가장 큰 고민거리로 꼽고 있는 것으로 나타나고 있다. 이는 탈북민에게도 '가족관계'가 가장 중요하면서도 어려운 삶의 과제임을 드러내 준다고 볼 수 있을 것이다.

성경은 가족들 간의 소통의 부재 뒤에 숨겨진 근본적인 원인이 '죄의 문제'라고 말한다. 첫 사람 아담의 불순종은 '동산을 거니시며' 인간과 교제하시던 하나님과 인간 사이의 사귐, 즉 소통의 관계(창 3:8 참조)를 파괴했다. 그리고 하나님을 떠난 인간과 인간 사이의 관계, 즉 인류의 역사 또한 단절과 파괴로 얼룩져 있다. 우리의 현실 속에 있는 단절된 관계들과 소통의 장벽들은 하나님과의 근본적인 교제의 관계가 상실된 우리 인간의 모습이다.

하지만 예수 그리스도의 십자가로 말미암아 하나님과의 단절이 해소되고 죽음을 넘어 하나님께 나아가는 생명의 길이 열린다. 십자가의 죽음을 이기신 예수 그리스도의 부활이 그 증거이다. 그래서 히브리서 기자는 '그 길은 우리를 위하여 휘장 가운데로 열어 놓으신 새로운 살 길이요 휘장은 곧 그의 육체'라고 증거한다(히 10:20).

믿음의 가정은 하나님과의 소통이 회복된 하나님 나라의 공동체이다. 그래서 믿음의 가정은 새로운 세대가 부모 혹은 가정을 구성하는 어른들과의 관계와 대화 속에서 믿음을 성장시켜 가는 신앙교육의 결정적인 터전이 되어야 한다. 부모들은 가능한 한 자녀들이 신앙과 삶의 고민들을 드러

내고 또한 허심탄회하게 질문할 수 있도록 격려하고 지원하는 대화의 파트너로 준비되어야 한다. 그리하여 부모는 그들의 자녀가 세상을 살아가는 데 있어서 자녀들의 삶과 성경의 이야기들을 연결시켜 신실한 그리스도인으로 성장하도록 격려하는 지지자가 되어야 한다.

주제와 연관된 성경공부와 말씀묵상 _

요셉과 형들 사이의 갈등

본문말씀 창세기 37:18~24

"요셉이 그들에게 가까이 오기 전에 그들이 요셉을 멀리서 보고 죽이기를 꾀하여 서로 이르되 꿈꾸는 자가 오는도다 자, 그를 죽여 한 구덩이에 던지고 우리가 말하기를 악한 짐승이 그를 잡아먹었다 하자 그의 꿈이 어떻게 되는지를 우리가 볼 것이니라 하는지라 르우벤이 듣고 요셉을 그들의 손에서 구원하려 하여 이르되 우리가 그의 생명은 해치지 말자 르우벤이 또 그들에게 이르되 피를 흘리지 말라 그를 광야 그 구덩이에 던지고 손을 그에게 대지 말라 하니 이는 그가 요셉을 그들의 손에서 구출하여 그의 아버지에게로 돌려보내려함이었더라"

기도요점

요셉과 형들 사이의 갈등의 원인은 무엇인가? 요셉과 형들 사이의 갈등의 결과는 무엇인가? 요셉과 형들 사이의 갈등과 이로 인한 결과를 묵상해 보자.

도움의 말

외형적으로 볼 때 야곱은 많은 자녀를 둔 다복한 가장이었다. 하지만 중혼(창 29:16-30)과 편애(창 37:3-4)로 인해 그의 자녀들 사이에는 늘 시기와 갈등이 내재되어 있었던 것으로 보인다. 성경은 야곱의 편애에 더하여 요셉이 꾼 꿈으로 인해 형제들이 "그를 미워하여 그에게 편하게 말할 수 없었다"라고 기록한다. 이제 갈등은 증폭되고 소통은 단절되었다. 그리고 마침내 요셉을 죽이고자 하는 극단적인 상황으로 치닫는다. 결국 형제들은 아버지가 요셉에게 지어 입힌 채색옷을 벗겨 버리고, 그를 잡아 웅덩이에 던져 버린 후 미디안 상인들에게 노예로 팔아 버린다. 그리고 그들은 피 묻은 채색옷을 아버지 야곱에게 보이며 요셉이 죽었다고 거짓말을 한다. 그 결과 어린 아들의 죽음이라는 비극적 고통(참고 창 37:34-35)과 형제를 버린 죄책감(참고 창 42:21-22)이 야곱 가정의 오랜 고통으로 자리잡게 된다.

묵상 나누기

위에서 묵상한 내용을 간략히 기록하고 함께 나눈다.

찬송

"사철에 봄바람 불어 잇고"(559장)

10。
대화의 방법 1
"내 생각은 이거야"

남북 공동체를 대상으로 하는 경우,
남한 사람은 북한가정과 북한가정문화를,
북한 사람은 남한가정과 남한가정문화를 염두에 두고 응답할 수 있다.

주제와 연관된 질문 _

1. 가정에서 일방적으로 혹은 권위적으로 대화를 주도하는 사람이 있는가? 그때 자신은 어떻게 반응하는가?
2. 일방적 혹은 권위적 대화가 반복되어서 가족 간에 다툼이나 충돌이 일어난 적이 있는가? 어떻게 해결했는가?
3. 학교 혹은 직장에서 일방적 혹은 권위적으로 대화를 이끌어 가는 사람은 누구인가? 그때 자신은 어떻게 반응하는가? 다른 사람들은 어떻게 반응하는가?
4. 사람들과 대화할 때, 자신은 일방적 혹은 권위적으로 대화를 주도하는 편인가? 그렇다면 그 이유는 무엇인가? 그렇지 않다면 그 이유는 무엇인가?
5. 교회를 다니면서, 다른 사람과 대화하는 태도가 달라진 점이 있는가? 있다면 달라진 이유는 무엇인가?
6. 왜 예수님은 우리를 위해 가장 낮은 곳까지 찾아오셨는가? 이를 통해 예수 그리스도께서 자신에게 주신 메시지는 무엇인가? 이 음성에 자신은 어떻게 반응했는가?

주제 내용 _

대화를 나누다가 대화를 주도하는 사람이 보여 주는 일방적이고 권위적인 태도 때문에 기분이 상하거나 상처를 받을 때가 있다. "어른이 하는 말에 말대답하지 마", "알아들었으면 그만 가 봐", "너는 그냥 시키는 대로 하면 돼", "왜 그렇게 말 귀를 못 알아 듣냐?" 등이 이러한 경우를 보여 주는 단적인 예가 될 것이다. 이러한 말들은 대화를 주도하는 사람이 힘있는 사람이며, 그의 일방적이고 권위적인 태도를 드러낸다. 다시 말해서, 한쪽은 대화의 주체이고 다른 한쪽은 그저 듣고 그에 따라 행동해야 하는 수동적인 객체에 불과하다. 흔히 가정에서 아버지 혹은 어머니의 권위가 지나치게 부각되는 경우, 가족 간의 원활한 대화는 사라지고 지시와 전달이 존재하는 가족관계가 형성된다. 가정뿐 아니라 일터와 학교에서도 이런 상황들은 비일비재하다.

일방적인 지시나 의사전달은 계속적인 대화를 어렵게 만든다. 이러한 태도로 대화에 임하는 사람들은 대화를 자기 의사전달의 수단으로만 생각한다. 대화하는 이유는 내 의견 혹은 생각을 전달하기 위해서다. 상대방은 그저 내 의견과 생각을 잘 이해하면 된다. 그걸로 충분하다. 이것이 잘 되지 않을 때 대화는 잘 되지 않은 것이고, 말하는 '나'는 화를 내기도 한다.

이는 가장 오래된 의사소통에 대한 이해이다. 이런 방식의 이해는 대화에 참여하는 사람들을 말을 하는 사람(송신자)과 듣는 사람(수신자)으로 이분법적으로 나누고, 일방적인 정보(메시지) 전달에만 초점을 둔다. 그래서 듣는 사람의 생각이나 감정 혹은 반응에는 별 관심이 없다. 그저 일방적인 전달만이 있을 뿐이다. 문제는 이처럼 전달에만 초점을 둘 경우, 대화의 실질적인 성공여부는 알 길이 없다.

성경은 이러한 일방적 소통의 모습 뒤에 죄의 문제가 도사리고 있음을 보여 준다. 하나님께 불순종하였던 아담과 하와는 동산을 거니시는 하나님의 낯을 피하여 숨었고, 이스라엘 백성들은 광야를 통과하면서 끊임없이 하나님께 요구하고 불평만을 쏟아 놓았다. 그리고 마침내 하나님의 아들 예수 그리스도가 자기 땅에 오셨으나 자기 백성은 영접하지 아니하였다.

그럼에도 불구하고 하나님은 우리를 돌아보셨고, 하나님의 아들 예수 그리스도는 우리를 사랑하사 핍박과 멸시 속에서도 구원의 사역을 감당하셨다. 하늘 보좌를 버리고 이 땅에 오셔서 죽기까지 우리를 사랑하사 하나님께 이르는 길을 열어 놓으신 예수 그리스도 안에서 우리는 하나님의 보여주신 진정한 소통의 은혜를 발견한다.

내가 내 아우를 지키는 자니이까

본문말씀 창세기 4:3~9

"세월이 지난 후에 가인은 땅의 소산으로 제물을 삼아 여호와께 드렸고 아벨은 자기도 양의 첫 새끼와 그 기름으로 드렸더니 여호와께서 아벨과 그의 제물은 받으셨으나 가인과 그의 제물은 받지 아니하신지라 가인이 몹시 분하여 안색이 변하니 여호와께서 가인에게 이르시되 네가 분하여 함은 어찌 됨이며 안색이 변함은 어찌 됨이냐 네가 선을 행하면 어찌 낯을 들지 못하겠느냐 선을 행하지 아니하면 죄가 문에 엎드려 있느니라 죄가 너를 원하나 너는 죄를 다스릴지니라 가인이 그의 아우 아벨에게 말하고 그들이 들에 있을 때에 가인이 그의 아우 아벨을 쳐죽이니라 여호와께서 가인에게 이르시되 네 아우 아벨이 어디 있느냐 그가 이르되 내가 알지 못하나이다 내가 내 아우를 지키는 자니이까"

기도요점

하나님께서 가인의 제물을 받지 않으셨을 때 가인의 태도는 어떠한가? 이로 인하여 가인이 저지른 일은 무엇인가? 하나님과 가인 그리고 가인과 아벨의 소통에 대해 묵상한다.

도움의 말

첫 가정을 꾸린 아담과 하와는 아들 형제를 두었다. 형 가인은 농사꾼이었고 동생 아벨은 양치기였다. 추수할 때가 되어 가인은 땅의 소산을 하나님께 드렸고, 아벨은 양의 첫 새끼와 기름을 하나님께 드렸다. 하나님은 아벨의 것은 받으셨으나 가인의 것은 받지 않으셨다. 이에 대해 가인은 분노하고 안색이 변하였다. 왜 하나님께서 자신의 제물을 받지 않으셨는지를 알고자 하기보다는 오직 거절에 대한 분노와 불만에 사로잡힌다. 이어지는 6절과 7절에서 하나님은 이러한 가인을 책망하시고 그의 뉘우침과 회개를 권면하신다. 그럼에도 불구하고 가인은 하나님 앞에서 자신의 분노에 따라 행하여 아우 아벨을 죽이는 데까지 이른다. "네 아우 아벨이 어디 있느냐?"는 하나님의 질문은 죄를 깨닫고 회개하기를 바라시는 하나님의 촉구이다. 하지만 가인은 "내가 알지 못하나이다 내가 내 아우를 지키는 자니이까"라고 응답함으로써 하나님을 기만했을 뿐 아니라 형제 아벨과의 단절을 또한 선언한다. "내가 내 아우를 지키는 자니이까"라는 무책임한 반문은 죄의 회개를 촉구하는 하나님을 외면하고, 자신의 독단적 이기심에만 사로잡힌 한 인간의 몰락을 극적으로 대변한다.

묵상 나누기

위에서 묵상한 내용을 간략히 기록하고 함께 나눈다.

찬송

"자비한 주께서 부르시네"(531장)

11 。
대화의 방법 2
“무슨 말인지는 알았어, 그런데 나는”

남북 공동체를 대상으로 하는 경우,
남한 사람은 북한가정과 북한가정문화를,
북한 사람은 남한가정과 남한가정문화를 염두에 두고 응답할 수 있다.

주제와 연관된 질문 _

1. 가정에서 결정해야 할 일이 생길 때, 서로 모여서 의논하여 결정하는 편인가? 만약 그렇지 않다면 우리 가족은 주로 어떻게 의사결정을 하는가?
2. 가족 간에 의견이 다를 경우, 의견이 같아질 때까지 계속하여 함께 의논하는 편인가? 만약 그렇지 않다면 어떻게 의견을 조율하는가?
3. 대화를 나눌 때, 유난히 자기주장이 강한 사람을 만난 적이 있는가? 이럴 때 나는 어떻게 반응하는가? 그 이유는 무엇인가?
4. 서로 의견이 다른 경우, 다른 사람의 의견을 잘 따르는 편인가? 아니면 자신의 의견을 관철시키는 편인가?
5. 교회를 다니면서 의견충돌을 해결해 본 경험이 있는가? 자신이 갖고 있는 해결의 비법은?
6. 하나님과 어떤 사귐을 갖고 있는가? 하나님과 나의 사귐은 습관적이고 일방적인가 아니면 상호적인가? 예배와 말씀과 기도에 임하는 내 모습을 생각해 보라.

주제 내용 _

다른 사람과 대화를 나눌 때 상대가 분명히 자신의 말에 귀를 기울이는 것 같으면서도 상대에게 일방적으로 끌려가는 경험을 할 때가 있다. "알겠어. 하지만 그건 아니지", "아니야, 네 생각이 틀렸어.", "내 말을 이해하지 못했구나, 다시 말해 줄게.", "너는 그게 문제야. 요점은 이거야", 그리고 "그건 네 생각이고. 핵심은 내 말에 있어"처럼 설득을 강요당할 때가 그렇다. 이러한 경우, 대화를 주도하는 사람은 대화 상대의 반응을 염두에 두기는 하지만 이를 자기 의견을 관철시키는 단서로 사용한다.

표면적으로 두 사람은 서로 원활히 대화를 주고받지만 이면적으로는 대화의 주도자가 따로 있고 그는 자신의 주장을 효과적으로 펼치기 위해 상대편의 반응을 참고하고 활용할 뿐이다. 다시 말해서, 한쪽은 대화의 주체이고 다른 한쪽은 이에 반응하는 사람일 뿐이다. 흔히 가정이나 사회에서 강력한 대화 주도자가 따로 있는 경우, 실질적인 상호적 대화는 사라지고 설득하고 설득당하는 관계가 형성된다. 이들은 경제적 혹은 사회적 권위를 가진 사람이나 주변에 영향력을 행사하는 인물인 경우가 많다.

이러한 대화의 방식은 기본적으로 대화에 참여하는 사람들 사이에서 대화를 주고받는 상호성을 인정한다. 하지만 여전히 말하는 사람(송신자)과 듣는 사람(수신자)의 이분법적 구조를 유지하면서, 수신자가 보낸 메시지, 즉 반응에 관심을 둔다. 이러한 대화는 송신자의 의사전달에 그치지 않고 수신자의 반응을 적극적으로 반영한다. 그럼에도 불구하고 수신자가 보낸 반응은 앞서 송신자가 보냈던 메시지를 더욱 효과적으로 만들기 위한 단서에 불과하다. 비록 수신자의 반응을 고려하지만, 대화는 여전히 송신자가 주도한다. 평등하고 상호적인 의사소통과는 아직 거리가 있다.

성경에서도 이러한 소통방식의 한계를 보여 주는 상황이 있다. 이스라엘의 첫 번째 왕 사울은 하나님의 음성에 귀 기울이지 않고 교만하게 번제를 주도하고, 아말렉으로부터 얻은 전리품을 제멋대로 처리함으로써 하나님께로부터 폐위되는 비극으로 맞았으며, 욥을 위로하겠다고 찾아왔던 친구들은 각자 자신의 생각만을 주장하고 내세우면서 욥의 괴로움을 더했다. 하지만 성경은 이러한 소통의 한계를 넘어서는 평등하고 상호적인 소통의 모범을 또한 우리에게 제공한다. '세리와 죄인들의 친구'라는 별명을 가지셨던 예수 그리스도는 그 시대의 독단과 편견의 장벽을 무너뜨리셨을 뿐 아니라 가장 작은 자들까지도 돌아보고 사랑하심으로써 우리에게 인격적이고 상호적인 소통의 모범을 보여 주셨다.

주여 보낼 만한 자를 보내소서

본문말씀 출애굽기 4:10~13

"모세가 여호와께 아뢰되 오 주여 나는 본래 말을 잘 하지 못하는 자니이다 주께서 주의 종에게 명하신 후에도 역시 그러하니 나는 입이 뻣뻣하고 혀가 둔한 자니이다 여호와께서 그에게 이르시되 누가 사람의 입을 지었느냐 누가 말 못 하는 자나 못 듣는 자나 눈 밝은 자나 맹인이 되게 하였느냐 나 여호와가 아니냐 이제 가라 내가 네 입과 함께 있어서 할 말을 가르치리라 모세가 이르되 오 주여 보낼 만한 자를 보내소서"

기도요점

호렙산 떨기나무에서 모세를 부르시고 이스라엘 백성들을 애굽에서 탈출시키도록 하신 하나님께 모세는 계속하여 어떻게 반응하는가? 하나님과 모세의 대화를 묵상한다.

도움의 말

모세가 장인의 양 떼를 이끌고 호렙산에 이르렀을 때, 하나님은 그곳 떨기나무 불꽃 가운데서 모세를 부르시고 이집트의 노예로 전락한 이스라엘백성을 구출해 내도록 사명을 주신다.

그러나 성경은 모세가 얼마나 끈질기게 이 명령을 거절하고자 했는지를 적나라하게 보여 준다. 그는 "오 주여 보낼 만한 자를 보내소서"라는 최후의 거절에 도달하기까지 무려 다섯 번 거듭하여 자신이 이 명령을 수행

할 자가 아니라고 주장한다. 성경은 모세가 얼마나 끈질기게 이유를 들이대고 하나님께서 얼마나 끊임없이 그러나 신실하게 그의 질문에 응답하시는지를 적나라하게 보여 준다. 하나님과 모세 사이의 이러한 대화는 외형적으로는 서로 주고받는 모양새를 갖추고 있지만, 내용으로 들어가 볼 때 모세가 얼마나 철저히 자신의 생각과 고집을 관철시키려 했는지를 알게 된다.

하나님의 답변에도 불구하고 모세는 끊임없이 자신이 거절할 이유를 찾는다. 그의 내면에 자리잡은 것이 두려움이었든 부담감이었든 상관없이 모세는 마음을 열고 하나님과의 만남의 자리에 서지 못하고 자신의 생각을 하나님께 주장하기에만 급급했고, 그에게 들려주시는 하나님의 답변은 또 다른 핑계를 찾기 위한 수단으로 전락되었다. 모세가 끝까지 '오 주여 보낼 만한 자를 보내소서'라고 거절했을 때, 대화는 결국 파국으로 치닫고 성경은 마침내 하나님께서 '노하여' 최후의 수행 명령을 내리심으로 마무리된다.

이처럼 이스라엘의 가장 위대한 지도자 중 한 사람인 모세도 상대방에게 그것도 하나님의 음성에 귀 기울이 않고 오로지 자기고집으로 대화를 관철시키려 했던 때가 있었다. 하지만 신실하신 하나님은 계속하여 모세와 대면하여 대화하셨을 뿐 아니라 마침내 이스라엘을 이집트에서 해방시키는 위대한 지도자가 되게 하셨다.

묵상 나누기

위에서 묵상한 내용을 간략히 기록하고 함께 나눈다.

찬송

"어디든지 예수 나를 이끌면"(440장)

12 。
대화의 방법 3
"그래, 우리 함께 찾아보자"

남북 공동체를 대상으로 하는 경우,
남한 사람은 북한가정과 북한가정문화를,
북한 사람은 남한가정과 남한가정문화를 염두에 두고 응답할 수 있다.

주제와 연관된 질문 _

1. 가족 간에 대화를 나눌 때 다른 가족의 말에 귀를 잘 기울여 주는 사람이 있는가? 있다면 누구인가? 만약 없다면 가족 중에 자신의 마음속 이야기를 털어 놓는 사람은 누구인가? 그 이유는 무엇인가?
2. 자신은 말하는 것을 즐기는 편인가 아니면 다른 사람의 말을 듣기를 좋아하는 편인가? 그 이유는 무엇인가?
3. 결정을 지어야 할 일이 있을 때 자신은 느긋한 편인가 아니면 조바심을 내는 편인가? 그렇게 되는 이유는 무엇인가?
4. 어떤 일을 의논할 때 자신의 의견도 상대방의 의견도 아닌 제 3의 결론에 도달한 경험이 있는가? 있다면 그 결론에 만족스러웠는가? 그 이유는? 없다면 그 당시 누구의 의견이 받아들여진 것인가? 그 이유는? 그 결과는 만족스러웠는가?
5. 교회를 다니면서 다른 성도를 이해(나이, 성별, 자라온 환경 등)하기 위해 노력해 본 경험이 있는가? 이 노력이 그 사람과의 소통에 끼친 영향은 무엇인가?
6. 예수 그리스도의 십자가의 은혜 안에서 하나님과 우리 사이의 단절이 회복되고 소통의 길이 열렸다. 지금 자신은 어떻게 하나님과 기쁘게 교제하고 있는가? 하나님과의 사귐의 기쁨이 다른 성도들과의 사귐에도 영향을 미치는가? 그렇지 못한가? 그 이유는 무엇인가?

주제 내용 _

다른 사람과 대화를 나누면서 대화가 잘 되고 있다고 느낄 때가 있다. 바로 상대방이 나를 존중하고 나의 말에 진심으로 귀를 기울일 때이다. 이럴 때는 "네 말도 일리가 있네. 우리 처음부터 다시 생각해 보자", "내 의견과는 다르지만 그렇게 생각할 수도 있겠네", "그럼 좀 더 함께 의논해 보자", "거기까지는 미처 생각 못했는데, 많이 배웠어", "좀 더 설명해 줄래?" 등의 표현이 동반된다.

이런 대화에 참여하는 사람들은 모두 자유롭고 평등하게 자신의 입장을 피력하고 상대방의 말에 귀를 기울인다. 서로의 입장과 생각이 다르다는 사실을 자연스럽게 받아들이고, 상대방을 이해하기 위한 노력을 계속한다. 그리고 마침내 모두 공감할 수 있는 결론에 도달하는 길을 찾고 발견한다. 이런 가정의 경우 가족 내 어른은 가족들이 허심탄회하게 자신의 의견을 피력하도록 가족 간의 대화를 돕는 격려자가 된다.

이와 같은 소통의 과정은 대화에 참여하는 모두가 함께 그리고 동시에 자신의 의견을 말하고 상대의 의견을 들음으로써, 서로 의미를 공유하고 이해의 폭을 넓히는 데 초점을 둔다. 이때 말하는 사람(송신자)과 듣는 사람(수신자)은 따로 구별되지 않는다. 모두가 송신자인 동시에, 수신자가 된다. 중요한 것은 경청과 열린 태도이다. 경청은 상대방을 존중하며 그의 입장에 서서 그 말에 귀를 기울이고 그 뜻을 제대로 이해하는 자세이다. 열린 태도는 의견을 나누는 과정을 통해 언제든 새로운 의미를 깨닫고 제3의 방안이나 합의가 도출될 수 있다는 가능성으로 열려 있는 넓은 마음이다. 진정한 소통 혹은 대화는 경청과 열린 태도를 갖고 모두가 함께 걸을 수 있는 공동의 길 찾기와 같다.

예수 그리스도께서는 상호적이고 인격적인 소통의 모범이 되신다. 사람들로부터 소외되었던 세리 마태는 예수님의 부르심을 듣고 응답함으로써 예수님의 제자가 되는 새 길을 걸었고, 들 것에 실려 왔던 중풍병자는 예수님과 만남을 통해 육체적 회복뿐 아니라 구원을 얻었으며, 예수님께서는 또한 사람들의 눈을 피해 한낮에 우물가를 찾아온 여인에게 먼저 말을 건네시고 여인의 영적인 갈증을 채우셨을 뿐 아니라, 그녀의 사회적 관계를 회복시키셨다.

예수님과의 만남과 대화를 통해 많은 사람들이 삶과 믿음에 있어서 새로운 이해와 구원의 빛을 발견하고 깨닫는다. 그리고 지금도 성령의 역사 안에서 예수님과의 만남과 사귐으로 인해 많은 사람들이 새로운 생명의 길을 발견해 가고 있다.

예수님과 삭개오

본문말씀 누가복음 19:1~10

"예수께서 여리고로 들어가 지나가시더라 삭개오라 이름하는 자가 있으니 세리장이요 또한 부자라 그가 예수께서 어떠한 사람인가 하여 보고자 하되 키가 작고 사람이 많아 할 수 없어 앞으로 달려가서 보기 위하여 돌무화과나무에 올라가니 이는 예수께서 그리로 지나가시게 됨이러라 예수께서 그곳에 이르사 쳐다 보시고 이르시되 삭개오야 속히 내려오라 내가 오늘 네 집에 유하여야 하겠다 하시니 급히 내려와 즐거워하며 영접하거늘 뭇 사람이 보고 수군거려 이르되 저가 죄인의 집에 유하러 들어갔도다 하더라 삭개오가 서서 주께 여짜오되 주여 보시옵소서 내 소유의 절반을 가난한 자들에게 주겠사오며 만일 누구의 것을 속여 빼앗은 일이 있으면 네 갑절이나 갚겠나이다 예수께서 이르시되 오늘 구원이 이 집에 이르렀으니 이 사람도 아브라함의 자손임이로다 인자가 온 것은 잃어버린 자를 찾아 구원하려 함이니라"

기도요점

삭개오와 예수님의 만남에서 어떤 점이 특별하다고 생각하는가? 삭개오의 집에서 지내기를 청하셨던 예수님께 삭개오는 어떻게 응답했는가? 예수님과의 만남 속에서 삭개오에게 일어난 변화를 묵상해 본다.

도움의 말

삭개오는 세리장이었다. 그는 부자였으나 사회적 지탄을 받는 '죄인'이었다. 사람들은 늘 뒤에서 수군거렸고, 차가운 시선을 거두지 않았다. 어느 날 예수님께서 여리고를 지나신다는 소문을 들었고, 삭개오는 예수님을 보기 위해 거리에 가득한 사람들을 피하여 돌무화과나무 위로 올라갔다. 예수님은 마음과 힘을 다해 예수님을 만나고자 애쓴 삭개오를 알아보셨다. 그리고 나무 아래까지 오셔서 그의 이름을 부르시고 그의 집으로 가시기를 청하신다. 삭개오는 '급히 내려와 즐거워하며' 예수님을 '영접'한다. 아마도 이후로 두 사람의 대화는 끊임없이 이어지고 식사도 함께했음에 틀림없다.

비록 동네 사람들이 그들의 만남을 비난하고 수군거렸지만, 예수님도 삭개오도 개의치 않았다. 대화는 점점 무르익고 마침내 삭개오는 새 사람이 되기로 결심하고 예수님께 말씀드린다. 이러한 삭개오의 변화와 결단을 들은 예수님 또한 즉각적으로 그의 구원과 사회적 회복을 선언하신다.

예수님과 삭개오의 만남은 서로 먼저 다가서는 자발적이고 상호적인 소통이 얼마나 의미 있고 중요한지를 일깨우는 동시에, 서로가 서로를 신뢰하고 마음을 열고 다가갈 때 그것이 얼마나 큰 변화와 새로운 가능성을 열 수 있는지를 극적으로 보여 준다. 예수님은 인간이 만든 편견의 장벽을 극복하고 상처를 치유하시는 구원의 능력이 되신다.

묵상 나누기

위에서 묵상한 내용을 간략히 기록하고 함께 나눈다.

찬송

"나 이제 주님의 새 생명 얻은 몸"(436장)

-집필자 소개
임창복 / Ph. D., 한국기독교교육교역연구원 원장
임영희 / Ph. D., 한국기독교교육교역연구원 상임연구원

남북공동체를 위한

삶이 묻어나는 성경공부

초판인쇄 2018년 12월 15일
초판발행 2018년 12월 25일
지은이 임창복 임영희
엮은이 사)한국기독교교육교역연구원
주소 12430 / 경기 가평군 가평읍 호반로 1373
전화 (031) 584-8753 / 팩스 (031) 567-5325
총판처 비전북 영업국 (031) 907-3927
등록 No. 17-427(2005.4.7.)
ISBN 978-89-93377-45-3 / Printed in Korea

값 11,000원